FACULTÉ DE DROIT DE PARIS.

THÈSE
POUR LA LICENCE.

L'acte public sur les matières ci-après sera soutenu le mercredi 30 août 1837,
à 4 heures du soir,

Par A. GASCHET, né à la Guadeloupe.

Paris.

IMPRIMERIE ET FONDERIE DE FAIN, RUE RACINE, 4.

1837.

FACULTÉ DE DROIT DE PARIS.

THÈSE
POUR LA LICENCE.

L'acte public sur les matières ci-après sera soutenu,
le mercredi 30 août 1837, à quatre heures,

Par **A. GASCHET**, né à la GUADELOUPE.

PRÉSIDENT, M. VALETTE, Professeur.

Suffragants,

MM. ROYER-COLLARD,
PELLAT,
ROSSI,
DUFRAYER,

Professeurs

Suppléant.

Le Candidat répondra en outre aux questions qui lui seront faites
sur les autres matières de l'enseignement.

PARIS.

IMPRIMERIE ET FONDERIE DE FAIN, RUE RACINE, N° 4.

1837.

A MON PERE ET A MA MERE.

JUS ROMANUM.

DE JURE DOTIUM.

Quod mulier aliusve pro ea viro ad sustinenda matrimonii onera dat, dicit aut promittit, dos est.

Ubi non est matrimonium nec dos est. — Ibi dos esse debet, ubi onera matrimonii sunt.

I. Profectitia aut adventitia dosest.

§ 1. Profectitia est ea quæ a patre vel parente profecta est de bonis vel facto ejus. Quoquomodo ex bonis patris egressa sit, nisi alio dotem promittente pater fidejusserit et solverit, dos profectitia est : veluti si quis donaturus patri dedit genero, vel si curator patris dotem constituerit.

In plerisque casibus dos facto patris constituta profectitia est : veluti si procurator vel fidejussor patris dotem dedit.

Sed si pater heriditatem vel legatum repudiaverit, quia gener substitutus vel heres fuisset, nullo modo profectitia dos est.

Stricto jure dos ab avo constituta, mortuo avo, non videtur a patre profecta ; sed æquitatis ratione profectitia dicitur, etiamsi ab avo pater exheredatus sit.

Mortua in matrimonio filia, dos a patre profecta, ad patrem revertitur, quintis in singulos liberos in infinitum relictis penes virum. — Si pater non sit, apud maritum remanet.

2. Dos a muliere, extraneove constituta, adventitia est. Extra-

neum autem intelligimus omnem citra parentem per virilem sexum ascendentem.

Mortua in matrimonio muliere, adventitia dos semper penes maritum remanet, præterquam si is qui dedit, ut sibi redderetur stipulatus fuit.

Divortio facto, si quidem sui juris sit mulier, ipsa habet actionem dotis. Quod si in potestate patris sit, pater adjuncta filiæ persona habet actionem, nec interest adventitia sit dos an profectitia.

II. Dos aut datur, aut dicitur, aut promittitur.

Mulier, debitor mulieri jussu ejus, parensque mulieris per virilem sexum cognatione junctus, dotem dicere possunt. Dare promittere omnes possunt.

Nulla lege prohibitum est universa bona in dotem marito mulierem dare. Multo magis cum mulier viro in manum convenit omnia quæ mulieris fuerunt viri fiunt dotis nomine (*Cic. Topic.*, c. 4).

Mulieri viginti quinque annis minori dotem promittenti, tutor consensum accommodare debet ex facultatibus et dignitate mulieris maritique. — Si promissum fuit amplius quam facultates mulieris, quod amplius promissum est infirmetur.

Nuptiis ex voluntate patris puellæ cum filio tutoris contractis, dos pro modo facultatum et dignitate natalium recte per tutorem constitui potest.

Pater dotem genero promisit, non demonstrata re vel quantitate, stipulationem valere placuit. — Si vero extraneus vel filia ipsa, *boni viri arbitratu* necessaria est adjectio. In utraque specie dotis quantitatem pro modo facultatum patris, vel extranei, vel filiæ et dignitatis mariti constituendam senserit.

In dotem constitui possunt quælibet res sive corporales, sive incorporales.

Mulier omnia bona sua in dotem dedit; non plus esse in promissione bonorum quam quod superest deducto ære alieno.

III. Æstimatio rerum dotalium pro venditione habetur, nisi aliter convenerit; — sed hæc venditio hanc habet conditionem *si nuptiæ sequantur.* Ideo pendente conditione mors contingens mancipia æstimata consequens est dicere mulieri periisse.

Res æstimata in dotem datur; vir evictus ex empto contra uxorem agere potest, et quidquid eo nomine fuerit consecutus, dotis actione soluto matrimonio præstare oportet.

Si in dote danda circumventus sit alteruter etiam majori viginti quinque annis succurrendum est.—Si mulier se dicat circumventam in æstimatione rerum, si res exstant erit arbitrium mariti utrum justam æstimationem an potius res præstet. — Si defunctæ res sunt, æstimatio prima est præstanda nisi minor sit mulier : quo casu justa æstimatio a marito debetur si emptorem habuit mulier justi pretii. Tamen si dolus mariti adfuit, in omnibus casibus justa æstimatio præstetur.

Res in dotem datæ in bonis mariti fiunt, accessioque temporis marito ex persona mulieris concedenda est. Fiunt autem res mariti si constante matrimonio dentur ; si ante matrimonium mulier sponso tradiderit res inæstimatas, si evidenter id actum non fuerit, credendum est id agi, ut statim res ejus fiant, et sponsus pro suo usucapiet. Æstimatas vero si tradiderit, supponitur mulier non ante mariti fieri voluisse quam secutæ nuptiæ sint ; maritus nec pro suo, nec pro emptore usucapiet.

Stipulatio dotis nomine facta, in se hanc habet conditionem *si nuptiæ sequantur*, et si remittatur nuncius, defecisse conditio stipulationis videtur, et licet postea eidem nupserit mulier, non convalescit stipulatio.

Tamen si mulier post divortium, omissa de dote actione, ad eumdem virum reversa fuerit, jure civili de dote efficaciter agatur, sed jure prætorio per doli exceptionem repelletur.

Si mulier vel extraneus marito usumfructum dotis causa cesserit, soluto matrimonio, singulari jure proceditur de restituenda dote. *Leg.* 66 *et* 78, *de jure dotium*, nec non *leg.* 57 *soluto matrimonio*, hæc materia longissime tractatur.

IV. In rebus dotalibus inæstimatis vir et pater viri dolum et culpam præstare debent; diligentiam quoque præstabunt quam in suis rebus exhibent, sed non periculum; quidquid enim his rebus accessit ad compendium mulieris pertinet ; quidquid decessit mulieri damnum est.

Imputabitur marito si non convenerit extraneum, qui promisit dotem, defectum in facultatibus. Sed si extraneus donavit, non imputabitur marito cur non præcipitavit solutionem.

Si dos sub conditione a debitore mulieris qui jam non solvendo erat promittitur, periculum est viri. Si solvendo erat cum promisisset et postea defectus sit in facultatibus, sed priusquam maritus agere posset, damnum est mulieri.

Si dotem promissam vir novandi causa stipuletur, in omnibus casibus viro esse periculum.

DROIT FRANÇAIS.

DISPOSITIONS GÉNÉRALES DU CONTRAT DE MARIAGE.

Dans ce chapitre, le législateur trace certaines règles qui dominent toute la matière du contrat de mariage; il ne s'agit donc nullement de dispositions applicables à tel ou tel régime; quel que soit celui adopté par les époux, ils devront se conformer aux prescrits des divers articles dont nous allons présenter l'analyse sommaire.

Il s'agit ici : 1° de la capacité des époux pour régler leurs conventions pécuniaires; 2 du mode et de la solennité de l'acte contenant ces conventions pécuniaires; 3° de certaines prohibitions apportées, non pas au droit commun, mais au contraire à la liberté que l'on aurait pu accorder, en dehors du droit commun, à un contrat qui exige la plus grande latitude; 4° de quelques mesures prises pour effacer les habitudes pratiques de l'ancienne jurisprudence; enfin, on indique des règles d'interprétation dans la recherche du régime qu'ont voulu suivre les époux.

§ I. Le contrat de mariage est l'acte qui contient l'ensemble des conventions pécuniaires des époux.

L'homme à 18 ans et la femme à quinze ans sont habiles à contracter mariage. Dès cet âge aussi, ils peuvent faire toutes les conventions dont ce contrat est susceptible.

Mais, pour garantir leur inexpérience de toute surprise, la loi exige l'assistance des personnes qui ont eu à autoriser le mariage lui-même, c'est-à-dire l'assistance des père et mère ; au défaut du père , de la mère seule ; et si le père et la mère sont décédés ou dans l'impossibilité de manifester leur volonté, on a recours aux aïeuls et aïeules (art. 148 et suiv.). Enfin , si aucune des personnes indiquées ne peut assister l'enfant, on confie au conseil de famille le soin de veiller à ses intérêts.

Il est à remarquer que , lorsqu'il s'agit de pourvoir à l'établissement d'un mineur par mariage , la personne du tuteur s'efface entièrement , personne ne *représente* le pupille : c'est lui-même qui *agit*, tandis que dans toutes autres occasions il ne paraît pas.

L'article 1398 est trop général dans ses termes ; en effet , la femme mineure de vingt-un ans ne peut jamais consentir à la restriction de son hypothèque légale sur les biens du mari (art. 2140).

§ II. Il fallait dans un contrat de mariage que les époux procédassent avec maturité ; il fallait empêcher qu'à l'ombre de conventions postérieures au mariage, l'un des époux n'abusât de son influence pour amener l'autre à lui faire des avantages déguisés ; il fallait enfin , pour mettre les tiers à l'abri de toute surprise , que les clauses de ce contrat fussent immuables : aussi la loi , dans les articles 1394 et suivants , prend-elle toutes les mesures désirables pour arriver à ces fins.

Les conventions matrimoniales seront constatées par acte passé pardevant notaire , avec minute. Les changements et contre-lettres seront rédigés dans la même forme que le corps de l'acte , et avec le concours *simultané* des personnes qui ont été *parties* dans le contrat : le tout à peine de nullité.

Les *parties* dont il est ici question sont les donateurs, les fiancés et les personnes dont l'assistance est requise pour le mineur de vingt-un ans : à l'égard du majeur, les ascendants ne doivent pas nécessairement signer les changements ou contre-lettres. Si d'ailleurs ils n'ont donné leur consentement qu'à raison de certaines clauses qu'on voudrait modifier, il leur est loisible de le retirer.

Les *parties* qui ne se rendraient point à une invitation chez le no-

taire ne seront pas supposées avoir consenti au changement; si l'une
d'elles est morte, il n'est d'autre moyen de s'en tirer que de faire inter-
venir ses héritiers ou de maintenir les conventions premières.

Les contre-lettres non rédigées dans la forme notariée ou sans le concours simultané des parties, sont radicalement nulles — Ces formalités
étant observées, si elles ne sont point rédigées à la suite de la minute
du contrat, les contre-lettres ne seront point opposées aux tiers. Si, inscrites
sur la minute, elles ne l'ont point été sur les expéditions, le notaire est
responsable envers les tiers du préjudice que leur causerait sa négligence.

§ 3. Une grande liberté est accordée aux époux dans leurs conventions matrimoniales; bien des clauses, prohibées partout ailleurs, sont
ici permises : ainsi on autorise les sociétés de biens à venir (art. 1526,
1837); on souffre que la femme, tout en participant, s'il y a lieu, aux
gains de la société, puisse s'affranchir de ses dettes si elle est onéreuse
(1524); on valide les donations de biens à venir, etc.

Tout en proclamant en principe cette liberté dans les conventions
matrimoniales, il fallait cependant y mettre de justes limites. Les clauses
contraires aux bonnes mœurs et aux lois sont prohibées : il en sera
de même de celles qui tendraient à soustraire la femme à l'autorité
du mari ; à enlever à celui-ci la direction de l'éducation des enfants ; à
déroger aux règles sur la puissance paternelle et la tutelle, etc.

Les époux ne peuvent intervertir l'ordre légal des successions, soit de
leurs enfants entre eux, soit d'eux à l'égard de leurs enfants (1389).

§ 4. Tracer de nouvelles règles sur le contrat de mariage et per-
mettre de se référer d'une manière générale aux anciennes coutumes,
c'était perpétuer les habitudes invétérées de la pratique et laisser les dispositions du code sur la matière du contrat de mariage dans l'oubli le
plus complet. Aussi défend-on de déclarer d'une manière générale que
l'association conjugale sera soumise à l'ensemble des règles de l'une des
coutumes qui régissaient les diverses parties de la France. Et même nous

2

ne doutons pas de la nullité de la clause qui se réferrait à un seul article de ces coutumes, sans que cet article fût transcrit dans l'acte de mariage.

Il importait cependant aux époux de n'avoir pas à copier une à une toutes les dispositions de l'un des régimes que présente le code : il leur est permis de se référer d'une manière générale à l'un de ces régimes. Et même la loi en indique un qui sera censé choisi par les époux mariés sans conventions particulières. Nous voulons parler du régime de *communauté légale*, érigé en droit commun de la France, malgré son système compliqué et presque inextricable.

Le mot *dot* est générique ; il n'a rien de particulier à tel ou tel régime. Si donc la femme déclare se constituer des biens en *dot*, on ne saurait induire de là qu'elle a voulu élire le régime dotal ; mais sa pensée sera suffisamment expliquée si elle déclare en même temps que ses autres biens seront paraphernaux ; il y aura soumission implicite au régime dotal, car dans ce régime seul on connaît la paraphernalité.

CONTRAT DE MARIAGE, CHAPITRE III.

Du régime dotal.

Nous avons déjà dit que le mot *dot* n'a rien de spécial ; ce n'est donc pas à raison de la constitution de *dot* que le régime dont nous avons à nous occuper peut prendre la dénomination de *dotal*. Il tire son nom du soin avec lequel la législation y considère la dot.

Imbus des idées des pays de coutumes, les rédacteurs du code avaient relégué ce mode de régler les intérêts pécuniaires des époux au nombre des conventions autorisées, mais n'avaient point tracé un ensemble de dispositions, un régime auquel on pût se référer d'une manière générale. L'inaliénabilité de la dot les effrayait.

Cependant le régime dotal était le droit commun d'une bonne partie de la France ; aussi les pays de droit écrit ne manquèrent pas d'élever de vives réclamations. Trop justes pour être repoussées, elles amenèrent la rédaction de notre titre.

Le régime dotal est de source romaine; déjà mutilée par les empereurs du bas-empire, cette partie du droit fut encore modifiée, tantôt d'une manière, tantôt d'une autre, par la jurisprudence des parlements. Les rédacteurs ont eu à choisir entre les règles diverses qu'ils suivaient.

La présomption, dans les pays de coutumes, était la dotalité des biens de la femme.— Pour les en affranchir il fallait une convention expresse. Dans ceux de droit écrit la question était controversée. Mais le code a préféré le système du droit romain. — Pour qu'un bien soit dotal, il faut que la femme le déclare.

Ceci n'est au reste pas applicable au tiers constituant; on doit en effet supposer que s'il donne c'est en vue du mariage, c'est pour aider les époux à supporter les charges qui naîtront de leur union. La présomption sera donc en faveur de la dotalité (1574).

Au reste, si la femme déclare que tel ou tel bien sera paraphernal, *a contrario* les autres seront dotaux.

Section Ire. *De la constitution de dot.*

La femme peut se constituer en dot un objet individuel, ses biens ou une quote-part de ses biens présents, tous ses biens ou une quote-part de ses biens présents et à venir, ses biens à venir en tout ou partie. Elle pourrait aussi constituer une copropriété, un démembrement de la propriété, un usufruit.

Si l'immeuble possédé par elle et donné en dot est prescrit par le mari, il jouira de tous les effets de la dotalité; mais si le mari a été évincé et que la femme lui donne un autre immeuble en place du premier, le nouvel immeuble sera dotal, mais non pas inaliénable. Et même s'il ressort des circonstances que l'immeuble n'a été remis au mari que pour l'indemniser de la jouissance dont il est privé par l'éviction, cet immeuble lui sera acquis en toute propriété.

Dans le doute, on doit plutôt restreindre les obligations que les étendre (162) : par application de ce principe, si la femme se constitue

tous ses biens en dot, on ne comprend dans cette constitution que les biens présents.

Les tiers pouvaient connaître le contrat de mariage, mais cela seulement : il fallait donc empêcher que par des conventions postérieures secrètes on ne pût les léser : à cet effet, la loi défend *l'augment* de la dot pendant le mariage. Ce que la femme se sera expressément constitué en dot, et ce que les tiers lui auront donné par contrat de mariage sera donc seul dotal.

Après les noces il serait impossible de donner le caractère dotal à un bien en dehors des clauses du contrat de mariage. Ceci est absolument vrai à l'égard de la femme, mais non pas à l'égard des tiers : rien ne les empêche de faire des donations sous la condition que les objets donnés seront dotaux : mais ce que la loi leur défend, c'est de les soumettre à l'inaliénabilité.

Les dispositions que nous allons parcourir n'ont aucun trait au régime sous lequel vont se marier les futurs conjoints, c'est au contraire le régime des constituants qu'il faut examiner.

Un rescrit des empereurs Sévère et Antonin oblige le père à doter la fille qu'il a sous sa puissance (*L.* 19, *ff.*, *de ritu nupt.*).

Le principe posé dans notre code est tout autre ; l'enfant n'a pas d'action contre ses père et mère pour un établissement par mariage ou autrement (art. 204).

Si les père et mère promettent conjointement la dot, chacun sera obligé pour moitié.

Si le père constitue une dot pour droits parternels et maternels, la mère, si elle n'est intervenue, ne sera pas obligée, lors même qu'elle serait présente au contrat. Sa présence peut avoir un tout autre motif que la volonté de s'obliger.

Mais si les constituants étaient mariés sous le régime de communauté, et que le père promit une dot en effets de cette communauté, on croira, à moins d'une convention contraire, qu'il a voulu agir en sa qualité d'administrateur de la communauté, et c'est elle qui supportera entièrement cette constitution de dot (art. 1439).

En constituant une dot, le père et la mère semblent vouloir faire une libéralité à leur fille; sans avoir à examiner si elle a des biens propres, la dot sera donc prise sur ceux des constituants, sauf conventions contraires.

Mais si le survivant des père et mère constitue une dot pour *droits paternels et maternels*, nous y verrons cette convention contraire. Le survivant indique en effet qu'il ne veut pas supporter le payement intégral de la dot. — Le législateur, interprétant cette clause, déclare que la dot se prendra d'abord sur les biens du conjoint prédécédé, et en cas d'insuffisance, sur ceux du constituant.

Sous tous les régimes le constituant est tenu de la garantie des objets constitués si la dot porte sur une créance, nous suivrons les règles établies au titre de la cession de créance; le constituant devra garantir son existence au moment où il promet la dot; et son obligation de garantie se resserre à mesure qu'il se lie plus étroitement (art. 1693 et suiv.).

Les intérêts de la dot courent de plein droit contre le constituant, encore qu'il y ait terme pour le payement, s'il n'y a convention contraire. Mais si c'est une créance à terme qui est donnée en dot, les intérêts ne seront pas dus tout de suite.

SECTION II. — *Des droits du mari sur les biens dotaux, et de l'inaliénabilité du fonds dotal.*

Le mari a seul l'administration et la jouissance des biens dotaux de la femme, tandis que celle-ci conserve l'administration et la jouissance de ses biens paraphernaux.

En sa qualité d'administrateur, le mari a seul le droit de poursuivre les actions personnelles de la femme, et même, ne s'écartant pas de la loi romaine, on lui accorde la poursuite des actions pétitoires (*L.* 11, *De jure dot. C.*).

Sans qu'il soit entièrement un usufruitier, ses droits sur les biens dotaux ont beaucoup d'analogie avec ceux d'un usufruitier. — Ainsi, il gagne les fruits, les intérêts et les arrérages des rentes.

Cependant il peut être convenu, par le contrat de mariage, que sur ses seules quittances la femme touchera annuellement une partie de ses revenus pour subvenir à son entretien et à ses dépenses personnelles.

Justinien, confirmant une constitution de Théodose, défendait au mari de donner caution pour la restitution de la dot (*L. L.*, 1 et 2, *ff.*, *Ne fidej. vel mand.*).

Ce système n'était pas suivi par tous les parlements des pays de droit écrit. — Le code permet bien d'exiger cette caution par contrat de mariage, mais il n'y oblige pas le mari comme le serait un usufruitier (art. 601-1550).

Tout ce qui est constitué en dot avec estimation devenait, en droit romain, propriété du mari ; — à la dissolution du mariage il ne devait restituer que le montant de l'estimation (*L.* 10, §4, *ff.*, *De jure dot.*).

Chez nous l'estimation des meubles vaut vente, sauf convention contraire ; — celle des immeubles ne vaut pas vente s'il n'en est autrement convenu.

Au reste, s'il s'agit de choses qui se consomment, *primo usu*, leur seule remise au mari l'en rend propriétaire (*L.* 42, *ff.*, *De jure dot.*).

Cette vente est sous condition comme toute clause du contrat de mariage, *si nuptiæ sequantur*. De là, si la chose estimée périt avant l'événement de la condition, elle périt pour la femme (art. 1182. — *L.* 10, §5, *ff.*, *De jure dot.*).

Dans le cas d'estimation, *venditionis causa*, si le mari est évincé, il a contre le constituant l'action *ex exempto* pour exercer sa garantie (*L.* 16, *ff.*, *De jure dot.*); mais je ne pense pas que la femme puisse se prévaloir de l'action en rescision pour cause de lésion.

L'immeuble acquis des deniers dotaux, ou donné en payement pour une somme constituée en dot, ne sera pas inaliénable, mais les époux pourront convenir qu'il sera dotal.

Mais si l'acquisition de l'immeuble avec ces deniers était une clause de remploi du contrat de mariage, l'immeuble deviendrait dotal par l'acceptation de la femme.

La loi Julia défend au mari d'aliéner le fonds dotal sans l'autorisation de la femme, et de l'hypothéquer, même avec ce consentement. — (*Inst. pro. — Quibus alien. licet. — L.* 4, *ff., De fundo dot.*)

Notre code prohibe en principe toute aliénation et toute hypothèque du fonds dotal. Comme conséquence, le mari ne peut aliéner ni perdre des démembrements de la propriété de ce fonds (*LL.* 5 et 6, *ff, De fundo dot*).

L'aliénation peut cependant avoir lieu par la femme autorisée du mari ou de justice pour doter ses enfants d'un premier lit, et autorisée du mari pour doter les enfants nés du mariage;

Lorsqu'une clause du contrat de mariage le permet.

L'aliénation peut encore avoir lieu avec l'autorisation de justice aux enchères, et après trois affiches, pour cause de nécessité ou de grande utilité. L'art. 1558 énonce les cas; dans presque tous la femme doit consentir à l'aliénation

A plus forte raison, dans les cas de nécessité, permettrons-nous d'hypothéquer le fonds dotal avec l'autorisation de justice.

Si, contrairement au prescrit de la loi, le fonds dotal a été aliéné, la femme pourra demander la nullité de l'aliénation à la dissolution du mariage ou à la séparation de biens.

Et même, pendant le mariage, le mari, en sa qualité d'administrateur, pourra demander cette nullité, lors même qu'il aurait concouru à l'acte d'aliénation, sauf indemnité par lui due au tiers s'il n'a pas *déclaré* la dotalité de l'immeuble.

Si c'est le mari seul qui a aliéné, la vente est radicalement nulle (1599), et le tiers acquéreur ne pourra prescrire l'action en revendication de la femme qu'en prescrivant la propriété (1561 — 2256).

Si les époux ont conjointement aliéné l'immeuble dotal, la femme aura une action en nullité qui durera dix ans, à partir de la dissolution du mariage ou de la séparation de biens.

L'immeuble dotal est imprescriptible pendant le mariage, excepté :

1° Lorsque la prescription avait commencé avant;

2° Elle peut prendre naissance après la séparation de biens.

Le mari est à peu près dans la même position qu'un usufruitier relativement aux biens dotaux; il est tenu de ses charges.

En sa qualité d'administrateur, il doit faire les grosses réparations, sauf indemnité.

La femme lui remboursera intégralement les dépenses nécessaires et les dépenses utiles, jusqu'à concurrence de la plus-value.

Il est responsable de la prescription acquise pendant le mariage, s'il y a faute de sa part (*L.* 16, *ff.*, *De fundo dot*).

La femme, si sa dot est ainsi en péril, peut demander la séparation de biens.

Section III. — *De la restitution de la dot.*

La dot devait servir à supporter les charges du mariage; dès l'instant où ces charges cessent, la dot doit donc être restituée.

Le code, dans les articles 1564 et 1565, suit le principe de la loi romaine, modifiée par Justinien, quant aux délais (*Ulp.*, *frag.*, *tit.* VI, § 8. — *Liv.* 1, § 7, *De rei ux.*, *act. C.*).

Les choses, dont la femme n'a pas transporté la propriété au mari, seront tout de suite restituées. Pour les autres, le mari jouit du délai d'un an.

Il ne jouira pas de ce délai si la restitution doit s'opérer à raison de la séparation de biens obtenue.

Comme tout créancier de corps certain, la femme supporte les détériorations arrivées aux choses dotales sans la faute du mari, lorsque celui-ci n'en était point devenu propriétaire.

Cependant, comme le soin de vêtir la femme est une charge du mariage, celle-ci pourra, dans tous les cas, retirer les linges et hardes à son usage, sauf à précompter leur valeur s'ils avaient été primitivement estimés.

Si, sans qu'on puisse reprocher aucune négligence au mari, des créances ou des constitutions de rente ont péri, ou souffert des retranchements, il sera libéré en livrant les titres.

Mais il en serait autrement s'il avait imprudemment accordé des délais au débiteur, exigé des intérêts au lieu du capital, fait une novation (*L.L.* 71 *et* 35, *ff.*, *De jure dot.*).

Si un usufruit a été constitué en dot, le mari ne devra restituer que ce droit, s'il n'y a convention contraire (*L.* 4, *ff.*, *De pactis dot.*).

Après dix ans de mariage, depuis l'échéance du terme pris pour le payement de la dot, le mari est présumé l'avoir reçue ; et , lors même qu'il pût prouver le contraire, il serait encore tenu envers la femme, s'il ne justifie de diligences infructueuses. Au reste, le juge doit apprécier les égards que le mari devait garder envers certains constituants(*L.* 33, *ff, De jure dot.*).

Du jour où le mariage est dissous par la mort de la femme, ou du jour de la séparation de biens, les intérêts de la dot courent de plein droit au profit de la femme ou de ses héritiers. Si c'est par la mort du mari que le mariage est dissous, la femme a le choix, ou d'exiger ces intérêts, ou de se faire prester des aliments pendant l'année de deuil. Mais, si on lui restitue toute sa dot, elle ne peut rien exiger, excepté l'habitation et les frais de deuil, qui lui sont toujours dus sans imputation sur les intérêts de la dot.

Le mari n'a la jouissance des biens de la femme que pour supporter les charges du mariage ; de là tous les fruits seront *civilisés*, et s'acquerront jour par jour.

Justinien accordait à la femme un privilége primant tous les créanciers hypothécaires du mari, même ceux antérieurs au mariage (*L.* 12, *Pro. qui potior. Pig. C.*). Le code ne lui donne plus qu'une hypothèque légale, ayant date au jour du mariage (1571-2121).

Si le père constitue une dot à un mari insolvable et sans art ni profession , il est en faute. La femme ne devra reporter à la succession du père que l'action qu'elle a contre son mari pour se faire rembourser la dot.

Si le mari était solvable ou avait un métier, la femme est en faute de n'avoir pas provoqué à temps la séparation de biens, ou au moins d'avoir

3

mal à propos accepté la succession du père. Elle supportera toute la
perte de sa dot.

Section IV. — *Des biens paraphernaux.*

Les biens qui ne sont pas constitués en dot sont paraphernaux. —
A leur égard la femme est dans la même position que si elle était sé-
parée de biens.

Abandonnant à tort la règle équitable de la séparation judiciaire
pour se conformer à celle de la séparation de biens conventionnelle, la loi
déclare que la femme contribuera aux charges du mariage jusqu'à
concurrence du tiers de ses revenus.

La femme a l'administration et la jouissance de ses biens paraphernaux, mais son incapacité de l'abandonne pas : elle ne peut aliéner ses
immeubles, ni ester en jugement sans l'autorisation de son mari (articles 215, 217, 1449, 1538).

Si le mari administre les biens de la femme en vertu du mandat
qu'elle lui a donné, il lui rendra compte de ses revenus.

S'il jouit des biens paraphernaux sans mandat et sans opposition
de la femme, il ne devra restituer à sa réquisition que les fruits
existants.

S'il en jouit malgré l'opposition de la femme, il est traité comme
tout possesseur de mauvaise foi.

Dans le cas de l'article 1578, et dans ceux où la femme aurait
expressément accordé la jouissance de ses biens paraphernaux au
mari, celui-ci est soumis aux obligations de l'usufruitier.

Comme administrateur, il devra faire les grosses réparations, sauf
indemnité.

DISPOSITION PARTICULIÈRE.

Les époux peuvent établir entre eux une société d'acquêts, tout en se soumettant au régime dotal. Elle se composera de tout ce que les époux acquerront en dehors de successions ou donations.